Gaby von Thun *Der liebe Gott sieht aus wie ein Elefant, oder?*

Hannes, 8 Jahre: Moses und der brennende Dornbusch

Gaby von Thun

Der liebe Gott sieht aus wie ein Elefant, oder?
Kinder machen sich ein Bild von Gott

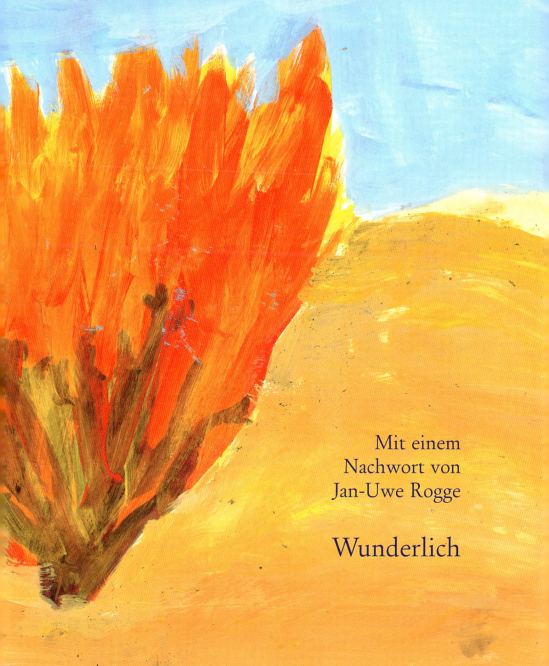

Mit einem
Nachwort von
Jan-Uwe Rogge

Wunderlich

Valéria

Hast du einen Schutzengel?

Wie stellst du ihn dir vor?

Mein Schutzengel hat schöne blaue Flügel, und er kann große Lupings fliegen. Er hat ein etwas rundlichen Körper und er trinkt gerne Bier im Wirtzhaus!

Ps: Deswegen hat er ein rundlichen Körper.

1. Auflage Oktober 2008 | Copyright © 2008 by Rowohlt Verlag GmbH, Reinbek bei Hamburg | Nachwort Jan-Uwe Rogge | Umschlaggestaltung PEPPERZAK BRAND | Titelillustration: privat | Autorenfoto: Sigi Hengstenberg | Satz KCS GmbH, Buchholz bei Hamburg | Druck und Bindung Mohn Media Mohndruck GmbH, Gütersloh | Printed in Germany | ISBN 978 3 8052 0850 5

Kinder sind unsere Zukunft. Es wird von ihnen abhängen, wie wir in zwanzig, dreißig Jahren leben werden. Sie werden unsere Welt gestalten.

Daher ist es so wichtig zu wissen, wie unsere Kinder denken und fühlen, welches Verhältnis sie zu allem haben, was wir als «Werte» bezeichnen, wie sie sich eine höhere Macht vorstellen.

Die Idee, Aussprüche und Bilder von Kindern zum Thema Gott in einem Buch zusammenzufassen, hat mich sofort begeistert. Also habe ich mich aufgemacht herauszufinden, welche Vorstellungen Kinder aller Religionen zwischen 6 und 15 Jahren von Gott haben. Ich habe Schulen, Kindergärten und Malschulen in ganz Deutschland besucht und SOS-Kinderdörfer in aller Welt angeschrieben. Es war bei all der Diskussion um Kindererziehung und Werteverfall überraschend und schön zu sehen, wie klug und nachdenklich, aber auch witzig, geistreich und rührend unsere Kinder sind.

In vielen Gesprächen mit ihnen habe ich gespürt, wie groß ihr Bedürfnis nach einem höheren, schützenden Wesen, nach einer absoluten Instanz ist und wie wichtig Erklärung und Antworten auf spirituelle Fragen sind. Ich war erstaunt, dass die absolute Mehrheit der Befragten mit einem Gottesbild ganz gleich welcher Art aufwächst. Eigentlich hatte ich mich auf sehr viel mehr Kinder vorbereitet, die mit Gott nichts anfangen können in unserer materiell ausgerichteten Welt. Doch Äußerungen wie «Ich glaube nicht an Gott, ich glaube an Ketchup» waren die Ausnahme.

Wenn jemand, der nicht an Gott glaubt, seinem Kind sagt: «Es gibt keinen Gott», nimmt er ihm die Hoffnung und das Vertrauen auf eine übergeordnete Macht. Es kann sich irgendwann als Erwachsener selbst von seinem kindlichen Glauben lösen, wenn es das möchte. Kinder haben ein Recht auf eine wie auch immer geartete spirituelle Begleitung, auch wenn wir Erwachsenen auf die «großen» Fragen unserer Kinder nicht immer eine Antwort haben. Einem Kind diese Begleitung vorzuenthalten hieße, ihm eine existenzielle Hoffnung zu rauben.

Religionen sind wie Sprachen; fremde Religionen sind wie Fremdsprachen: Man muss sie erlernen, um sie zu verstehen, aber selten werden sie uns so nah wie die eigene Religion. Dennoch ist Gott immer Gott, egal, in welcher Form er dargestellt wird. Wie sagte eines «meiner» Kinder? «Manche sagen Allah, manche sagen Buddha, aber eigentlich meinen sie alle Gott.»

Gaby von Thun

Der Friedensbaum beschützt mich und Andere!

Emilia, 8 Jahre

Eren, 5 Jahre: «Das ist der Himmel und der Gott und ich und ein Baseballschläger.»

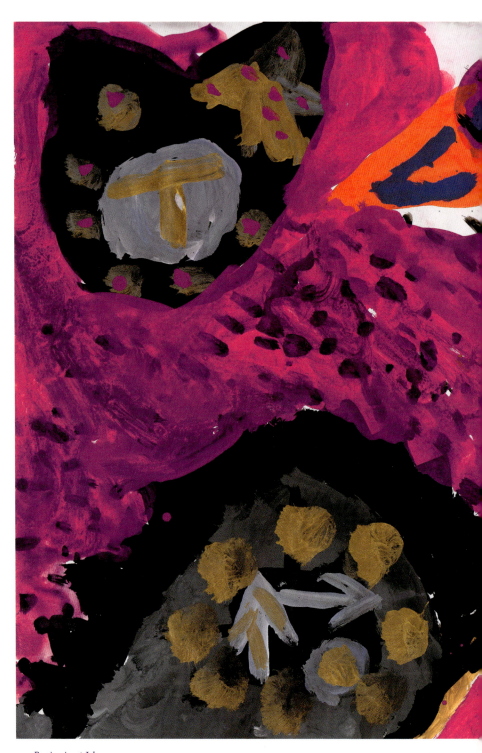
Benjamin, 6 Jahre

Wir können froh sein, dass es Gott gibt.
Dennich habe gemalt, wie Gott die Welt mit seiner Energie baut.
Da sieht man auch, was für eine Energie ein Gott haben kann.

Name: Aaron Textor
Alter: 12 Jahre
Geboren: 22.1.1995

Ich sehe Gott als eine Energiequelle, die ich als Schleier um unsere Erde dargestellt habe.
Doch für das alles, was sich auf der Erde und im Alltag der Menschheit abspielt, wie: Kriege, Streit, Liebe, Freundschaften, Familien, Kulturen, Essen und Trinken, sind die Lebewesen die auf unserer Erde existieren, selbst verantwortlich. Jeder Mensch hat sein eigenes Schicksal.

Lisa Hoßmann

13 Jahre

Xing Gao, 7 Jahre

Sabrina, 8 Jahre

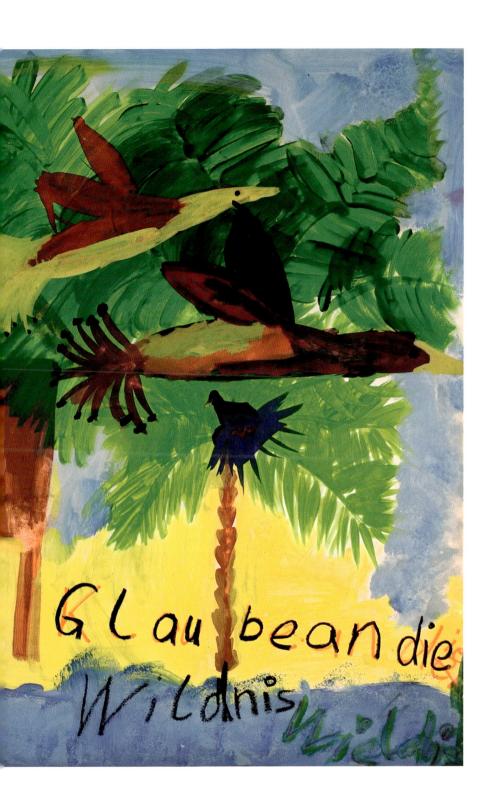

Marc, 6 Jahre

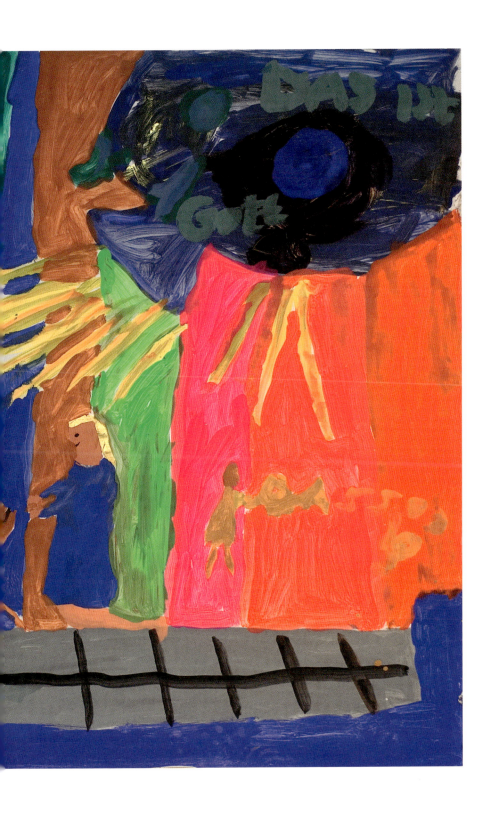

Aaron, 6 Jahre

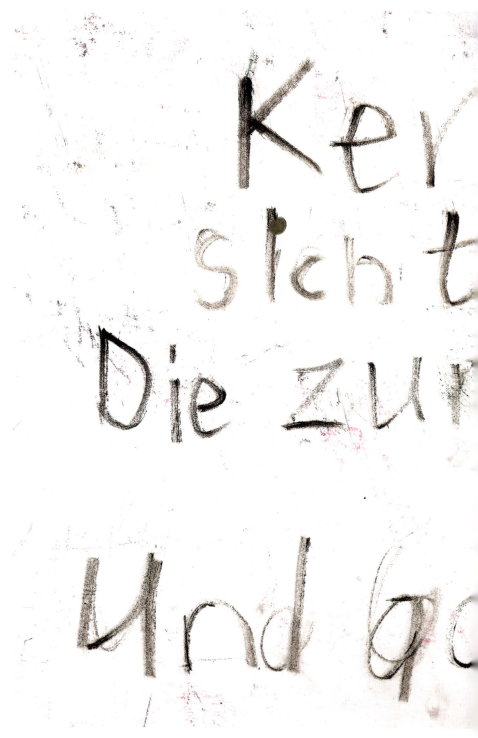

Aaron, 6 Jahre, Rückseite

fen
t
inik
t
Aurun

Katharina, 10 Jahre

Ein Junge Joggt. Gott sieht, dass er wenn er ihn nicht auffängt. Er schic am Stein angekommen war. Sie fingen

…d über einen Stein stolpern wird,
2 Engel hinunter ~~~ gerade als er
auf und er dankte Gott sehr.

Der Gott im Kampf gegen die Titanen. Die der Teufel befreit. aus dem Bergegfängnis

von Emil Daniel Zielek
Herlerichstrasse 30
ich bin 7 Jahre alt

Louise, 5 Jahre

Felian, 7 Jahre

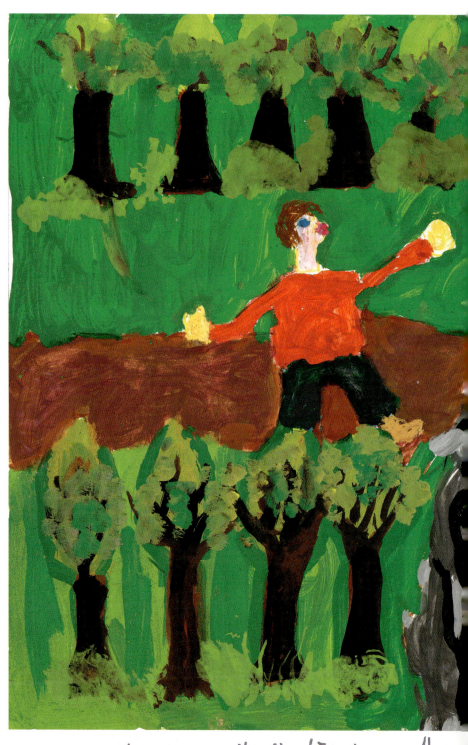

Max und Tom gehen Spazieren Max Schupst Tom in einen Abgrun

Als Tom 100 Meter tief gefallen war wurde er von Gott aufgefangen.

Noah 9

Vanessa, 8 Jahre

Ich glaube an Gott, Ich glaube das er/mir hilft.

Claus, 5 Jahre

Michael, 8 Jahre

1. Ich finde das
sich G"tt
am meisten
bei der
Schöpfung
des
Wassers
ausgetobt
hat
Ich finde
das Wasser
etwas besonderes

Auf meinem Bild habe ich lauter Geister gemalt die in der Luft schweben. Sie sind aus verschiedenen Elementen sowie Luft, Stein, Blatt, Feuer, Wasser und so weiter. Diese Geister schweben

In der Luft um sich herum sind lauter Gedanken und Energie. Die Geister passen sozusagen auf die Elemente auf. Und sind sie aber auch.

Julia 10 Jahre

Ich persönlich glaube an ein Leben nach dem Tod. Für mich geht das Leben immer weiter. «Körperlich» bist du nicht mehr auf Erden, sondern in dem Paradies. Aber seelisch wirst du immer bei den Menschen bleiben, die du liebst! Das Paradies stell ich mir vor wie einen anderen Planeten. Es ist ruhig, abenteuerlich, anders, geheimnisvoll und lebendig!
Es ist einfach wie eine «Fortsetzung des Lebens nach dem Tod».
Gerade in den Gewässern z. B. fließt das Leben immer weiter und weiter. Und es gibt kein Ende!

Lea, 13 Jahre

Gott ist wie eine strahlende BLUME, die über alle Bewohner der Erde wacht.
Ob weiß oder schwarz ob gut oder böse
Gott ist für Alle da & bietet für Jeden Schutz!

Julia Stichen 147
Antjes' Kindermalstudio

Die vier Elementargeister

Vor vielen, vielen Jahren, wo das Universum nur aus kahlen Planeten bestand und keinerlei Leben existierte, da kamen vier Geister in dieses Universum. Sie suchten sich einen Planeten aus und bearbeiteten ihn. So waren die vier Elementargeister. Jeder von ihnen besaß ein Element. Das Wasser erschuf die Meere, Ozeane, Flüsse und Seen. Die Erde erschuf die Kontinente, Pflanzen und Tiere. Nun zur Luft, sie erschuf die Erdatmosphäre und das Wetter. Das Feuer erwärmte die Erde indem es die Sonne erschuf. Alle zusammen erschufen das intelligenteste Lebewesen das es gibt. Den Menschen.
Doch leider wurde der Mensch so intelligent und so ausgereift, dass der Mensch gar nicht mehr auf die Hilfe der Geister angewiesen war. So verschwinden sie und kamen nie wieder zurück.

Timer, 10 Jahre

Rassismus

Gott sagt: zu den Menschen das es völlig egal ist ob der Mensch eine andere Hautfarbe hat oder eine andere Augenform hat hauptsache die Menschen lieben sich.

Von Chiara geschrieben   Abenteuer   Alter: 10

Ich glaube das Adam und Eva die ersten
Menschen auf der Welt waren.
Gott ~~hate~~ hatte sie aus dem
Paradies verbannt. ~~tat.~~
Eva aß vom giftigem Baum.
Als die Schlange Eva dazu verführte den
Apfel zu essen, probierte Adam auch vom Apfel.
Gott sah es und verbannt sie sofort.

Victoria Dudek
10 J. ♥

Jede Kultur hat eine eigene Religion und eigene Gotteshäuser. Doch man kann Niemanden an einen Glauben binden, nur weil dieser einer bestimmten Religion angehört. Man sollte frei entscheiden können, an was man glaubt! Denn der Glaube allein, egal an was man glaubt, macht jeden stark, gibt ihm Hoffnung + unterstützt in schwierigen Zeiten.

Lisa Dobner, 13 Jahre

Es gibt Momente, in denen wir verzweifelt sind und jemanden brauchen, dem wir unsere Sorgen anvertrauen können.
Wir brauchen jemanden der uns versteht.
In diesen Zeiten steht uns Gott immer beiseite und hilft uns mit diesen Situationen klarzukommen: Wir fühlen uns von Gott gehalten.

Teresa Koller ; 14 Jahre

In Deutschland aufgeschnappt

«Gott ist der Chef im Himmel,
und die Engel arbeiten für ihn.»

«Der Chef von den Kommunionkindern
ist der Pfarrer. Der Chef vom Pfarrer
ist der Papst, und der Chef vom Papst
ist der Gott» (nach dem Papstbesuch in Deutschland)

«Die Wolken sehen aus wie Zuckerwatte,
und dahinter wohnt Gott.»

«Maria ist die Frau von Gott,
und Jesus ist das Kind.»

«Die Moslems essen kein Schweinefleisch.
Wir schon, denn Allah wohnt nicht in Deutschland.»

«Adam und Eva waren Neandertaler.»

«Der Heilige Geist ist die Taube.
Ob das so was wie ein Haustier ist?»

«Weihnachten ist das Jesuskind geboren,
und an Silvester wurde er ans Kreuz geschlagen.»

«An Ostern schickt der Gott den Osterhasen
zu den Kindern.»

Anna-Maria, 7 Jahre

Leonie, 8 Jahre

Leonie, 10 Jahre: «Ich danke, bitte und preise Gott im Gebet.»

Momo, 6 Jahre

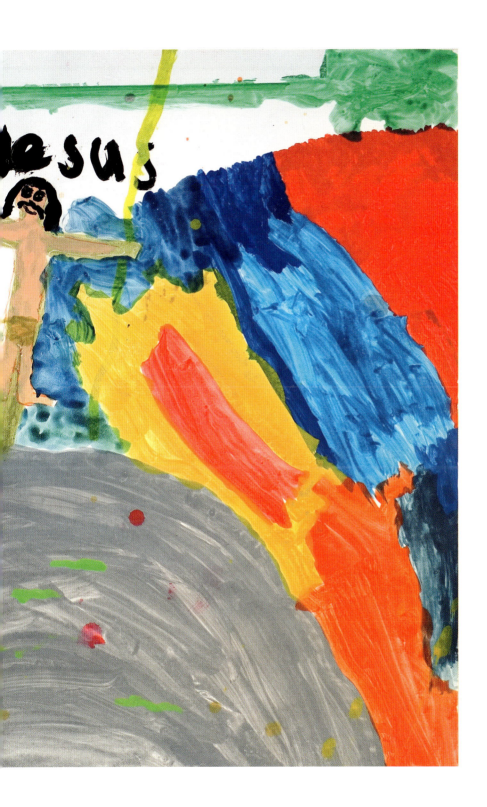

Luca, 5 Jahre: «Der liebe Gott ist ein Herz.»

In Deutschland aufgeschnappt

«Mit dem Lift kommt man zu Gott.»

Akim, 7 Jahre, Moslem

«In der Kirche gibt es dieses Brot. Das ist das Fleisch von Jesus. Damit die Kinder an Jesus denken.»

Jessica, 10 Jahre, katholisch

«Wir haben ein Koranbuch, da steht Allah drauf. Drinnen steht, wie man sich verhalten muss, vor dem Gott und vor den Mamas.
Bayram ist, wenn wir von den Onkels Geld kriegen.
Dann haben wir noch das Fest, wo die Toten aufwachen. Wir müssen dann dreißigmal beten, damit die Toten das auch hören.»

Saffa, 9 Jahre, Moslem

«Wir feiern Ramadan. Da darf man nichts essen von 7 bis 19 Uhr. Wenn die Zeit vergangen ist, feiern wir und essen ganz viel.»

Allyah, 9 Jahre, Moslem

Zelda
15 Jahre

«Ich glaube an Gott.
Ich stelle ihn mir vor wie einen großen Stern.
Er ist hell und weiß.»
Odai, 13 Jahre, SOS-Kinderdorf, Bethlehem

Mario, 9 Jahre, katholisch:
«Ich baue einen Lego-Turm bis zu Gott.
Dann steige ich hinauf zu ihm!»

Thomas, 7 Jahre, katholisch:
«Dann fällst du runter und bist tot.»

Mario:
«Wenn ich tot bin, dann komme ich doch gleich wieder rauf.»

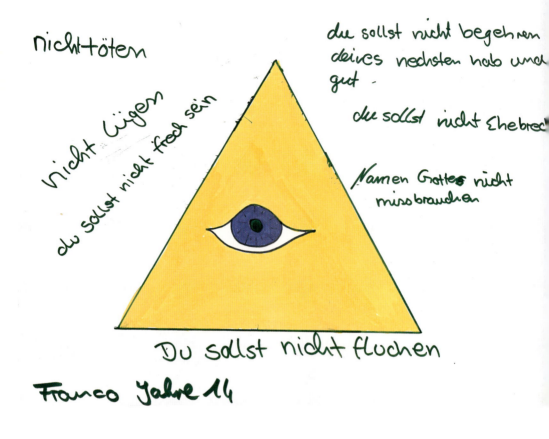

«Gott heißt Gott, weil es
keinen anderen Namen gab.»
Jamal, 8 Jahre, Moslem

Ich stelle mir Gott wie die Liebe und das ewige Licht vor.

«Mein Opa und mein Hamster sind jetzt beim lieben Gott.»

Robert, 9 Jahre, katholisch

Laura, 10 Jahre

«Manche sagen Allah, manche sagen Buddha, aber eigentlich meinen sie alle Gott.»

Timon, 8 Jahre

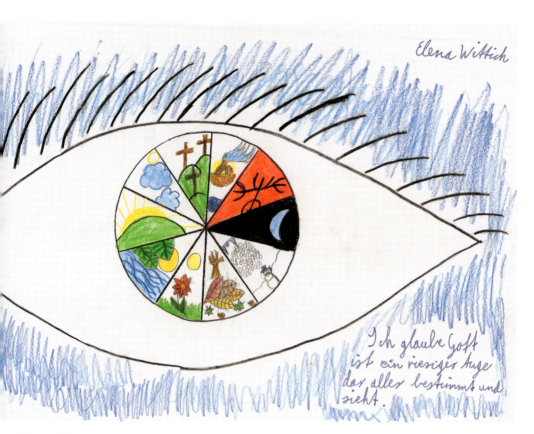

Elena, 9 Jahre

«Der Moses ist durch das Meer gegangen.
Wahrscheinlich war da gerade Ebbe.»

Leona, 7 Jahre

So stelle ich mir die Kirche vor:

Tür
Weihwasserbecken
Orgel
Weihwasserbecken
Tür
Altar
Ambo
Sitzreihen

Nora Emmermann 10

Taufbecken
Tabernakel
ewiges Licht

Cara, 8 Jahre

Vanessa, 8 Jahre

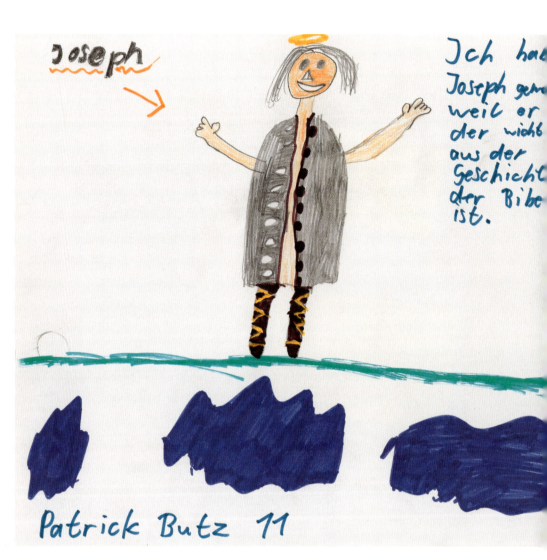

Patrick Butz 11

Sarra, 9 Jahre

Lisa, 8 Jahre, katholisch:

«Das sind Moses und Maja
mit dem Jesuskind.»

Bilder und Gedanken

gezeichnet und geschrieben von

..........Bilal.............Vorname

..............9..............Alter

1. Hast Du einen Schutzengel?
   Wie stellst Du ihn Dir vor?
   Mein Schutzengel sieht aus, wie meine Mutter.

2. Betest Du zu Hause?
   Wie sieht das aus?

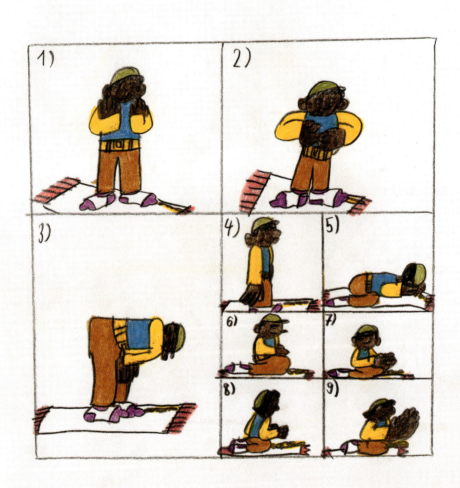

3. Glaubst Du an GOTT?
Wie stellst Du ihn Dir vor?

ICH GLAUBE AN GOTT, ABER
IN UNSERER RELIGION DARF
MAN KEIN BILD VON GOTT
ZEICHNEN.

4. Hast Du GOTT schon mal gespürt? Wo war das?
IN DER MOSCHEE, ALS ICH GANZ VIEL FÜR MEINE VORFAHREN BETETE

5. Glaubst Du an ein Leben nach dem Tod?
Wie stellst Du Dir das vor?
IN UNSERER RELIGION GLAUBT MAN AN KEIN LEBEN NACH DEM TOD.

Wer beschützt mich?

Mich beschützt meine Mama mein Papa und meine Schwester an meisten aber mein Onkel meine Tante beschützen mich auch und meine Kosine and mein Kosa.

Nadja 2a 7 Jahr

Hast du einen Schutzengel?

Wie stellst du ihn dir vor?

Mein Schutzengel ist klein er schebt über meinen Kopf. Und Beschützt mich und wenn mir was pasiert dann Beschützt er mich so er zieht mich weg oder er rettet mich wenn ich in gefahr bin. Ich rede auch öfters mit ihm und wir haben sehr viel Spaß. Wenn ich mit meinen Hund gehe an den Isarauen

Anna 3c 8 Jahre

Das ist mein Schutzengel.
So stelle ich ihn mir vor.

Sebastian, 8 Jahre

Lisa, 8 Jahre

Glaubst du an Gott?

Wie stellst du ihn dir vor?

~~Ja ich glaube~~ Ja ich glaube an Gott ich kann ihn mir nicht richtig vorstellen ich denke er ist ein großer gelber Punkt aber er ist auch nicht die Sonne. Dieser gelber Pukt stell ich mir wunderschon vor er leuchtet und schimmert.

Hast du einen Schutzengel?

Wie stellst du ihn dir vor?

- er ist so groß wie ich
- er ist immer bei mir und beschützt mich
- er hat gold glänzende Flügel
- ich kann mit im Reden und ich kann in sehen
- ich mag in sehr
- er hat ein gesicht das aus sist wie eine Sonne

Ludwig S. 36 9 jahre

Betest du zu Hause?

Wie sieht das aus?

Ja! Ich bete zu Hause. Man faltet die Arme und ist stiel. Wenn man ein Kreuz hat, schaut man auf Jesus und betet. Immer Abends vor dem schlafen gehen bete ich ein kurzes oder auch ein langes nähmlich das Vater unser im Himmel.

Aleksandra, 10 Jahre

Aulona, 11 Jahre

Hast du einen Schutzengel?

Wie stellst du ihn dir vor?

Mein Schutzengel ist mein Bruder. Er ist leider hoch in den Himmel. Er hat bestimmt Flügel mit denen er hoch fliegt und mich von oben beobachtet. Richtig kannte ich ihn nicht aber ich weis wie er aussah. Wenn er noch am Leben wäre, wär er jetzt 13 Jahre. Er ist mein Schutzengel und er wird es für mich immer bleiben.

Tamara

Hast du einen Schutzengel?

Wie stellst du ihn dir vor?

Ich habe einen Stofffuchs er heißt Ricki und ist ganz lachsrot mit einem weißem Schwanz, er hilf mir eigentlich immer aus der patsche wenn ich ihn brauche. Vielleicht kann er ja reden und denken? Kann doch sein oder? Oder ist er auf der Wolke im Himmel? Kann auch sein.

Tamara, 10 Jahre

Hast du einen Schutzengel?

Wie stellst du ihn dir vor?

Er ist immer da, bei jedem Problem steht er mir bei seite.
Er sagt mir zumm beispiel bei den Hausaufgaben die rechenergebniße.
Oder er beschützt mich wen ich in Gefahr bin.

Laura, 10 Jahre

So stelle ich
ihn mir vor.

Barbara, 8 Jahre

Jonas

Glaubst du an Gott?

Wie stellst du ihn dir vor?

Ja ich glaube an Gott. Und vorsteln tu ich mir das so: langes braun ein bischen gelockter Haar. Natürlich hat er auch Klamotten aber er hat nur ein Tuch umgewickelt. Zum Schluss nochwas er ist sehr nett, Hilfsbereit und so weiter.

Jonas, 10 Jahre

Jonas

Hast du einen Schutzengel?

Wie stellst du ihn dir vor?

Mein Schutzengel ist meine Oma. Sie war immer Nett und mochte mich sehr gerne. Mit ihr bin ich immer Einkaufen gegangen und hat mir jede Woche zwei Euro gegeben. Meine Oma ist an Krebs gestorben. Sie ist 2001 gestorben.

Maximilian, 11 Jahre

Hast du einen Schutzengel?

Wie stellst du ihn dir vor?

Meinen Schutzengel gab es wirklich.
Er war das große Pferd Jack mit dem
Riesigen Kopf. Ich habe mich in
seiner Nähe immer geborgen gefühlt.
Er war braun und hatte eine schwarze
Mähne und einen schwarzen Schweif.
Einmal kam er auf einen anderen
Hof und dort konnte er den ganzen
Tag auf der Weide stehen und grasen.
Nun ist er sicher Tod. Er war mein
Schutzengen und ist es immer noch!
Ich habe ihn sehr geliebt!

Gita, 10 Jahre

Geza, 16 Jahre, SOS-Kinderdorf Ungarn

Vivien, 10 Jahre, SOS-Kinderdorf Ungarn

3. Glaubst du an Gott?

   Ja, ich glaube an Gott.

Male, wie du ihn dir vorstellst!

Martina, 9 Jahre

Julia, 10 Jahre

7. Jahre alt Xola 2L 3.Juli 2007

Wer beschützt mich?

Wie sieht mein Schutzengel aus?

Mein Schutzengel hat blonde Haare und bunte Flügel er hat auch noch eine Kette.

So stelle ich mir Gott vor!

Ich stelle mir Gott vor wie einen Menschen der uns beobachtet! Und der die ganze Zeit auf uns herab lacht und sein lachen uns Menschen auf der Erde Frieden schenkt. Und er schenkt uns die Sonne!

Manchmal schenkt er uns Regen zum abkühlen, denn er weiß wann es zu heiß für uns ist.

Rada Milić 5/B

Im SOS-Kinderdorf Piliyandale in Sri Lanka leben 160 Hindu- und Buddhistenkinder. Sie haben hier ihre Vorstellungen von Gott aufgemalt und aufgeschrieben.

Mathurey, 9 Jahre, Hindu:

«Mein Gott hat ganz viele Namen,
und manchmal sieht er aus
wie ein Elefant.»

Nachwort
von Jan-Uwe Rogge, Erziehungsberater

Kinder sind Gäste, die nach dem Weg fragen – so lautet ein vielzitierter Satz. Aber sie fragen nicht nur, um Antworten von Erwachsenen – Eltern wie Pädagogen – zu bekommen; sie stellen Fragen, weil sie die Welt beobachten und über das staunen, erschrecken, nachdenklich werden, was sie so sehen und ausprobieren. Kinder sind – auch das eine ebenso gültige wie verständliche Feststellung – Philosophen, die nicht nur neugierig sind, sondern auf ihre Art und Weise Antworten finden – mal ganz ernst, mal hintergründig, mal alltagspraktisch, mal witzig, zum Lachen eben.

Lernen – eben auch religiöses Lernen – vollzieht sich nicht allein durch (noch so gut durchdachte und konzipierte) Programme, Lernerfahrungen macht ein Kind genauso ungeplant, ohne pädagogische Begleitung in Elternhaus, Schule oder Kindergarten. (Religiöse) Bildung stellt sich zugleich als Selbstbildung dar. Mit dieser Feststellung ist die Verantwortung, die Vater wie Mutter, Lehrer(in) wie Erzieher(in) für die religiöse Sozialisation der Heranwachsenden haben, nicht beiseitegeschoben oder unterschätzt.

Wenn Kinder sich entwickeln, sie sich auf den Weg machen, die Nah- und Umwelt zu erforschen und zu erkunden, wenn ihnen die vertrauten Sicherheiten im Säuglingsalter nicht mehr ausreichen, wenn sie Grenzen überschreiten, um das Land jenseits dieser Grenzen zu erobern, wenn sie neue, unbekannte, ungewohnte Erfahrungen machen (müssen), wenn sie sich mit existenziellen Herausforderungen auseinanderzusetzen haben, stellen sie vieles und auch sich selbst in Frage, denn gewohnte Sicherheiten, die Wissensbestände, die bisher für alltägliche Fragen passten, reichen dann nicht mehr aus.

Das Kind stellt etwa vom dritten, vierten Lebensjahr an zwei wichtige

Fragen, auf die es Antworten bekommen möchte; Antworten, die es ernst nehmen und in seinen Kompetenzen anerkennen:

- Woher komme ich? Wo war ich, bevor ich bei euch, bevor ich auf dieser Welt war? Und: Kann ich, könnt ihr sterben? Es sind philosophische Fragen nach dem Anfang und dem Ende, nach Ursprung und Entwicklung.
- Wer gibt mir Halt, Schutz und Geborgenheit, wenn ich mich auf den Weg mache, weg vom Vertrauten, Alltäglichen, dem sicheren Ort? Hinter dieser Frage steckt der Wunsch, angenommen, aufgehoben zu sein, über sichere Bindungen zu vertrauten Personen zu verfügen. Der Sozialpsychologe Uri Bronfenbrenner hat formuliert, jedes Kind, jeder Jugendliche braucht einen Menschen, an den er irrational, emotional gebunden ist, einen Menschen, dem man bedingungslos vertrauen kann.

In der Suche nach Schutz, nach Halt und Geborgenheit steckt somit auch die Suche nach Gott – Gott-Vater und Gott-Mutter, auf die man sich verlassen kann, weil man sonst verlassen ist, sich nicht traut, in die Welt hinauszugehen, zu einer eigenständigen Person zu werden. Rada, ein Kind, hat auf die Frage, welche Vorstellungen es von Gott hat, im Buch so geantwortet: «Ich stelle mir Gott vor wie einen Menschen, der uns beobachtet! Und der die ganze Zeit auf uns herab lacht, und sein Lachen schenkt uns Menschen auf der Erde Frieden. Und er schenkt uns die Sonne! Manchmal schenkt er uns Regen zum Abkühlen, denn er weiß, wann es zu heiß für uns ist.»

Wenn Kinder in die Welt hinausgehen, dann brauchen sie Behütung. Im Psalm 23 des Alten Testaments heißt es: «Dein Stecken und Stab führen mich!» Und im Lied vom «Hänschen klein», das in die Welt hinauszieht, lautet eine Zeile: «Mit Stock und Hut, wohlgemut.» Hänschen geht mit Wohlbefinden und vollen Mutes in das Unbekannte hinaus, weil es den Stock in der Hand hält, der ihm Sicherheit gibt, und den Hut aufhat, der es vor Fährnissen und Widrigkeiten behütet.

Kinder und Jugendliche, die den gewohnten Hafen verlassen und sich den Stürmen des Lebens stellen, brauchen – wie sie der Psychoanalytiker David Winnicott benannt hat – «Übergangsobjekte», Symbole, Gegenstände, Rituale, die helfen, Autonomie und Eigenständigkeit auszuhalten. Für Hänschen waren es Stock und Hut, für andere Kinder sind es der Teddy, die Schmusedecke, der Schnuller oder – wie es die zehnjährige Tamara im Buch formuliert hat: «Ich habe einen Stofffuchs. Er heißt Ricki und ist ganz lachsrot mit einem weißen Schwanz. Er hilft mir eigentlich immer aus der Patsche, wenn ich ihn brauche. Vielleicht kann er ja reden und denken? Kann doch sein, oder? Oder ist er auf der Wolke im Himmel? Kann auch sein.»

Es mag ungewöhnlich oder anmaßend klingen, von Schutzengeln, von Gott als «Übergangsobjekten» zu reden, aber in einer Zeit, in der personale Bezüge brüchiger, unsicherer werden, werden symbolische Bindungen wichtiger denn je, denn sie sind immer und überall da! Viele Kinder brauchen irgendwann im Laufe ihrer Entwicklung keine realen Übergangsobjekte mehr: Sie sind enthalten in Symbolen, in Bildern. Die Bilder des Buches zeugen davon: Gott als Licht, als Stern, als Sonne, als Mond. Kinder sind kreativ, sind schöpferisch, sie bringen ihre Erkenntnisse auf den Punkt. Sie schweifen nicht ab. In ihren Bildern sind Gott und Anarchie enthalten, gehen Phantasie und Realität ein unauflösbares Gemenge ein. «Der Moses ist durch das Meer gegangen. Wahrscheinlich war da gerade Ebbe», schreibt die siebenjährige Leona, die mit ihren Eltern vielleicht die Erfahrung einer Wattwanderung gemacht hat. Und unvergleichlich der Dialog zwischen dem neunjährigen Mario und dem siebenjährigen Thomas:

«Ich baue einen Lego-Turm bis zu Gott», meint Mario. «Dann steige ich hinauf zu ihm!»

«Dann fällst du runter», antwortet Thomas ungerührt, «und bist tot.»
«Wenn ich tot bin», so Marios schlagfertige Reaktion, «dann komme ich doch gleich wieder rauf.»

Gott als Ansporn, als Herausforderung – aber auch als Trost, als letztliche Sicherheit. Und die brauchen Kinder, wenn sie in die Welt hinausziehen, um Selbständigkeit und Selbstbewusstsein auszubilden.

Gerade in Geschichten, aber auch in Bildern erschaffen sie sich, wie Religionspädagogin Helga Kohler-Spiegel beschreibt, symbolische Räume, «um das Allein-Sein auszuhalten, ohne in Einsamkeit zu versinken, die Aufgaben und Herausforderungen dieser Welt zu bestehen, ohne verlorenzugehen, um Leid zu ertragen und Hoffnung zu bewahren.»

Symbolische Räume und Bilder trösten, lassen Verluste aushalten: «Mein Schutzengel ist mein Bruder», schreibt die elfjährige Aulona in ihrem Bild: «Er ist leider hoch in den Himmel. ... Richtig kannte ich ihn nicht, aber ich weiß, wie er aussah. Wenn er noch am Leben wäre, wär er jetzt 13 Jahre. Er ist mein Schutzengel, und er wird es für mich immer bleiben.»

Schaut man sich die Bilder dieses ebenso wunderbaren wie eindrücklichen Buches an, dann sind in ihnen wahre Schätze und Botschaften enthalten: ein Vertrauen in eigene Fähigkeiten, die nur dann gelebt werden können, wenn man sich in sicheren Bindungen und Beziehungen – zu Gott, den Schutzengeln – geborgen fühlt. Es ist ein Vertrauen darauf, dass es ein «Happy End» gibt – nicht im Sinne einer Seifenoper oder Hollywood-Schnulze, sondern weil man sich auf die schöpferischen Kräfte der eigenen Vorstellung und Phantasie, auf das Potenzial der inneren (Gottes-) Bilder verlassen kann. Kinder und Jugendliche drücken sich in Bildern aus, in denen sie (religiöse) Erfahrungen auf den Begriff gebracht haben. In den Bildern dieses Buches ist eine Sprache für Religiöses enthalten. Die Bilder erzählen Geschichten, Geschichten über «Gott und die Welt», ebenso nachdenklich wie humorvoll, Geschichten über Freude und Not, über Angst und wie man ihr begegnet, über die Sehnsucht nach einem Schutzengel, der seine Hand über uns hält, und über einen liebevollen Gott, der Halt und Geborgenheit gibt.

Es ist ein Buch, das zeigt, wie unbedenklich Kinder und Jugendliche sind, welche Fragen sie stellen, auf die Erwachsene nicht ständig verschiedene Antworten haben müssen. Viel wichtiger ist, ihnen zuzuhören und im Dialog die Botschaften zu erkennen, die ihre Bilder enthalten.

Dank

Einen *Riesendank* an alle «meine» Kinder, die mit so viel Freude, Hingabe und Fleiß gemalt, gedichtet, gebastelt und nachgedacht haben, damit so viele hinreißende Werke entstehen konnten.

Die liebevolle Bereitschaft der unterschiedlichsten Erziehungsberechtigten, dieses Projekt zu unterstützen, hat mich immer wieder beglückt. Für mich sind diese Menschen, die tagtäglich mit Freude die Welt von morgen beeinflussen, wirkliche Helden.

Meinen herzlichen Dank

- an Frau Johanna Hofmeir, Leiterin der Einrichtung «Lichtblick Hasenbergl», die mit ihrem Engagement für sozial schwache Kinder, hauptsächlich moslemische, nicht nur mich beeindruckt
- an Frau Antje Tesche-Mentzen, die in ihrer Malschule in München-Solln wahre Wunderwerke aus ihren Zöglingen herauszaubert und alle Malwettbewerbe gewinnt
- an Frau Christine Lorbeer, Rektorin der berühmten Gebeleschule in Bogenhausen, und ihr Team; bei ihr hat man im Schulhof das Gefühl, alle Kinder seien ihre eigenen
- an SOS-Kinderdörfer, besonders Frau Ingrid Famula, Frau Adelheid Miller und Frau Tünde Matyas, in deren Auftrag Kinder aus aller Welt wunderschöne Bilder geschickt haben
- an «Plan International», vertreten durch Frau Daniela Hensel, die mit ihren exotischen Werken aus Sri Lanka den buddhistischen Glauben repräsentiert
- an Frau Ingrid Röver, die in meinem Freundeskreis herausragt durch ihr ehrliches, soziales Bemühen um Jung und Alt, besonders um Bilal,

einen dunkelhäutigen Afrikaner, in München aufgewachsen, den sie in ihrer unvergleichlichen Art fördert und betreut
- an Ilana Lewitan, selbst eine arrivierte Künstlerin, die mit ihren beiden Mädchen Joelle und Lea und malfreudigen Jugendlichen im Jüdischen Museum in München eine Malaktion organisierte, um jüdische Gedanken auf dem Papier festzuhalten
- an Frau Dr. Graffam-Minkus, evangelische Religionslehrerin am Gymnasium Max-Joseph-Stift in München
- an Frau de Vries, Leiterin der Initiative «Children for a better world», die mir wie immer mit Rat und Tat zur Seite stand
- an Lisa Burda, die mir bereitwillig Einblick in ihre Seele gegeben hat
- an meine sehr geliebte Lektorin Katharina Naumann, die voller guter Ideen steckt
- und an den lieben Gott